AF267043

AU RETOUR DE L'ASSEMBLÉE

PARIS. — IMP. VICTOR GOUPY, RUE GARANCIÈRE, 5.

AU RETOUR DE L'ASSEMBLÉE

PAR

UN DISCIPLE DE COLINS

Rationem quo ea me cumque ducet sequar.
(Cic.)

« Les bons gouvernements, les gouvernements sages, justes, éclairés, raisonnables, sont légitimes. Eux seuls sont légitimes, et ils le sont *d'autant plus*, qu'ils sont meilleurs et plus éclairés, plus raisonnables et plus justes.

« Les gouvernements qui ne sont que réels (c'est-à-dire uniquement *légaux*), contraignent à l'obéissance; les gouvernements légitimes l'obtiennent, parce qu'ils la méritent.

« Cette doctrine a l'avantage, et ce n'est pas à mes yeux la moindre preuve de sa vérité, elle a, dis je, l'avantage de s'écarter également : *et du dogme insensé du droit divin, et du dogme non moins insensé, non moins ABSURDE, de la souveraineté du peuple, tel qu'il se professe de nos jours.* »

(Duc de Broglie *a la Chambre des Pairs.*)

« Comment distingue-t-on, socialement, un gouvernement sage, juste, éclairé, raisonnable, d'un gouvernement sot, injuste, ignorant et déraisonnable? En époque d'ignorance : exclusivement par la force.

« Comment distingue-t-on, socialement, un gouvernement uniquement légal, d'un gouvernement légitime? Le dernier, dites-vous, obtient l'obéissance. C'est dire que, lorsqu'un gouvernement cesse d'obtenir l'obéissance, il a cessé d'être légitime. C'est la légitimation de la force brutale ; c'est l'intronisation, applaudie, de toute insurrection victorieuse.

« Le dogme de la souveraineté du peuple est insensé et absurde, dites-vous, Et qu'est-ce donc que la souveraineté du peuple, si ce n'est le triomphe de la force brutale?

« Le temps de faire accepter des vessies pour des lanternes commence à se passer. »

(Colins, *de la Souveraineté.*)

PARIS

E. DENTU, LIBRAIRE-ÉDITEUR

PALAIS-ROYAL, GALERIE D'ORLÉANS, 13.

—

1874

AU RETOUR DE L'ASSEMBLÉE

PREMIÈRE PARTIE

Jamais, depuis février 1871, la rentrée de l'Assemblée n'a été attendue avec plus d'anxiété. Tout le monde, en France, a le pressentiment que nous sommes à la veille de graves événements politiques ; les regards se concentrent sur un même point et scrutent attentivement l'horizon de Versailles. Que devons-nous attendre les jours qui suivront le 30 novembre ? L'Assemblée va-t-elle constituer quelque chose, ou bien, acculée à l'impuissance de constituer, va-t-elle se dissoudre ? Voilà bientôt quatre ans que nos honorables représentants essaient vainement de tous les traquenards employés par les despotismes de toutes les couleurs pour mater la révolution et asseoir sur sa défaite momentanée une autorité plus qu'éphémère. Voilà quatre ans que les crises succèdent aux crises ; que les cabinets croulent, les uns sur les autres, sans arriver à combler de leurs débris la basse-fosse de l'impuissance. Depuis le 24 mai où la coalition monarchique a renversé le premier président de la troisième République « l'illustre homme d'État, » comme on dit aux *Débats* et à la *République française*, qu'avez-vous fait, gens de l'ordre moral, pour établir cet ordre dont vous parlez tant et dont pas un seul de vous ne saurait donner une définition ayant le sens commun ? Qu'avez-vous fait ?

En présence de la dévastation croissante du phylloxera révolutionnaire, vous avez, pauvres médecins de la politique, employé des remèdes de bonnes femmes ; vous avez fait scier les arbres de la liberté, dissous les conseils municipaux et les assemblées départementales ; révoqué les maires qui n'étaient pas à votre dévotion ; chassé « sans humanité, » de tous leurs emplois, les plus modestes fonctionnaires du 4 septembre ; maintenu l'état de siége dans la moitié de la France; traqué comme des bêtes fauves, les journaux républicains ; baillonné l'esprit public en fermant les clubs, les cercles, les réunions de toutes sortes : vous avez essayé partout de faire le vide ; vous avez, en un mot, mis la démocratie sous la machine pneumatique ; l'avez-vous asphyxiée?

Non, car cette démocratie vous enveloppe et vous étouffe aujourd'hui. Elle a réalisé le travail des polypes : elle vous tient partout et vous enserre de ses mille bras. Après avoir lentement cheminé dans la seconde moitié de l'année 1871, rallié ses forces disséminées, réuni ses tronçons épars, elle a pénétré dans les assemblées départementales et s'est fortement cantonnée à l'Assemblée nationale. Depuis 1872, et malgré la chute de M. Thiers, ses succès ne comptent plus. Aujourd'hui, elle est maîtresse des points stratégiques de la situation... Conservateurs, que pensez-vous faire?...

Vous avez été jusqu'à l'extrême limite de la légalité ; vous l'avez même assez souvent dépassée ; vous avez usé les uns après les autres tous les vieux engins révolutionnaires... Vous êtes à bout. Mais alors quel parti prendre?... demandezvous ; nous rallier à la proposition Casimir-Périer ou nous dissoudre ?,..

La proposition Casimir-Périer, Messieurs, vous mènera à l'anarchie par une ligne courbe et la dissolution vous mènera également à l'anarchie par une ligne droite. D'ailleurs tous les chemins que vous prendrez, tous, car vous êtes incapables de reconnaître le bon, tous vous conduiront à l'anarchie ; c'est consolant pour nous.

Vous voilà alors plus que jamais enfermés dans le cercle

vicieux de la souveraineté du droit divin et de la souveraineté populaire. Êtes-vous de taille à en sortir? Non, n'est-ce pas? Car pas un seul d'entre vous ne soupçonne qu'en dehors de ces deux souverainetés, il en existe une troisième : celle de la raison rendue rationnellement incontestable vis-à-vis de tous et de chacun.

I

La France, disait en 1848 M. Émile de Girardin, il faut qu'elle se le persuade, n'a plus que le choix entre la Royauté absolue et la République *rationnelle*.

M. Émile de Girardin avait raison, la royauté absolue en présence de l'incompressibilité de l'examen (1), est aussi impossible que les ténèbres en présence du soleil.

Mais la République *rationnelle* ne peut être que la République *universelle;* et la République universelle peut seulement exister : sous la souveraineté de la raison réelle, *universellement* reconnue.

II

La souveraineté de la raison réelle, éternelle par essence, impersonnelle par essence, n'a pas encore eu d'existence sociale pratique sur notre globe; et elle ne peut en avoir pour une humanité quelconque sur un globe quelconque tant que l'ignorance, sur la réalité du droit, n'est point socialement anéantie. De plus, cette ignorance peut seulement se trouver anéantie. lorsque, par un développement d'intelligence, rendant l'examen socialement incompressible, et par le développement

---

(1) J'ai donné dans ma brochure intitulée : *Etude sur la situation actuelle*, l'explication de ce que nous entendons par l'incompressibilité de l'examen.

progressif et en raison géométrique d'une anarchie, relative à cette ignorance et à cette incompressibilité, une humanité quelconque est arrivée au point de devoir connaître la vérité sur la réalité du droit, ou de périr.

Tant que l'ignorance d'une humanité n'est point anéantie, et que l'examen peut être socialement comprimé ; la souveraineté impersonnelle et *démontrée* se trouve nécessairement précédée par la souveraineté personnelle et *hypothétique*.

Dès que l'examen ne peut plus être socialement comprimé, toute souveraineté hypothétique, dite de droit divin, parce que toutes jusqu'alors ont dérivé nécessairement d'une révélation quelconque, devient impuissante.

Dès que toute souveraineté de droit divin devient impuissante, et que la souveraineté réelle ne peut encore, à cause de l'ignorance, avoir une existence pratique, la souveraineté du nombre, dite souveraineté du peuple, que le peuple soit représenté : par un homme, par plusieurs, ou par tous, devient *seule possible*.

La souveraineté de la raison réelle ne pouvant encore exister, à cause de l'ignorance, toute souveraineté de droit divin ne pouvant plus être base d'ordre, à cause de l'incompressibilité de l'examen, c'est surtout de la souveraine du nombre, de la souveraineté populaire, que nous allons nous occuper.

Ainsi : nous allons discuter la souveraineté du peuple.

III

Dans une des dernières réunions de la Commission de permanence, M. le général de Chabaud-Latour répondant à M. de Mahy qui le questionnait sur les rigueurs dont la presse, en général, est victime, disait : « le gouvernement ne laissera pas discuter son principe. »

Le général Cavaignac en avait dit autant le 14 juillet 1851, dans la discussion sur la révision de la Constitution. « Tout gouvernement qui permet qu'on discute son principe est un gouvernement qui ne saurait vivre. »

Ces deux généraux ont raison. En présence de l'ignorance sociale sur la réalité du droit, tout gouvernement qui permet la discussion de son principe est un gouvernement à l'agonie.

Mais aussi, et en présence de l'incompressibilité sociale de l'examen, tout gouvernement qui se refuse à la discussion de son principe est aussi un gouvernement qui ne saurait vivre.

C'est qu'en présence de l'incompressibilité sociale de l'examen et de l'ignorance sociale sur la réalité du droit, sur l'inévitabilité de sa sanction, toute stabilité gouvernementale est absolument impossible.

C'est pour que la stabilité de l'ordre devienne possible que je vais, à mes risques et périls, discuter la souveraineté du peuple.

IV

La souveraineté du droit divin, la légitimité, l'orléanisme, le bonapartisme, la République, le septennat personnel ou impersonnel. etc. etc., sont journellement soumis à des discussions irritantes et passionnées. Nous allons faire en sorte de rester dans le calme du plus froid raisonnement. Nous espérons que les passions, même les plus opposées, ne s'uniront point socialement pour étouffer la raison. Ce serait, d'ailleurs, bien inutile. Notre voix peut être étouffée, cela est vrai, mais la raison est devenue socialement nécessaire, et toutes les entraves que la force voudra lui imposer ne feront qu'accélérer son triomphe.

D'abord, la doctrine de la souveraineté du peuple est entachée de logomachie. Hâtons-nous de le démontrer.

Il y a deux choses essentielles au sein de l'ordre social : la théorie et la pratique, c'est-à-dire le droit et l'application du droit.

Nul doute qu'en présence de l'incompressibilité sociale de l'examen, lorsqu'un droit formulé par la force et masqué d'un sophisme quelconque ne peut plus être socialement accepté comme expression de raison réelle, lorsque le droit réel est inconstablement formulé et socialement accepté, nul doute, dis-je, que *tous ceux* qui sont socialement reconnus *citoyens*, ne doivent contribuer à appliquer le droit et à nommer la hiérarchie sociale, nécessaire à son application. Si alors vous nommez *peuple* l'ensemble de ceux que la raison, le droit ont indiqués comme pouvant et devant jouir des droits de citoyens, et que vous nommiez *souveraineté* la puissance, le droit de nommer cette hiérarchie conformément à ce qui est ordonné par la raison, nul doute, je le répète, que la souveraineté du peuple et le suffrage universel ne soient choses saintes et sacrées, contre lesquelles la force brutale pourra seule se révolter.

Mais, si par souveraineté du peuple vous entendez la puissance de décider par le nombre de ce qui sera socialement tenu pour juste et injuste, pour hiérarchique ou anarchique, dans ce cas et vis-à-vis de ceux qui ne seront point aveuglés par le préjugé, votre souveraineté du peuple ne sera que la souveraineté des fripons sur les sots, si la majorité consent à se soumettre à un pareil droit. Et, si la minorité, en époque d'ignorance sociale sur la réalité du droit, tout aussi ignorante que la majorité, vient à rosser la majorité en se disant majorité, en outre d'avoir la souveraineté des fripons sur les sots, vous aurez encore la souveraineté des bêtes, la souveraineté de la force brutale, la souveraineté des loups sur les moutons.

Arrivons au suffrage universel, abstraction faite de souveraineté et considéré comme exclusivement relatif à l'application du droit et donnons en compte.

Les latitudes et les longitudes peuvent être connues au milieu de l'Océan. La science existe; la science est le droit, et il n'est question que de l'application du droit. Il s'agit de traverser l'Atlantique. Croyez-vous qu'à cet égard trois matelots, ne sachant ni lire ni écrire, vaillent mieux que deux amiraux, lesquels d'ailleurs peuvent être tout aussi bons matelots que deux colosses bas bretons? Et, croyez-vous que, si un seul amiral est nécessaire, ce soit aux matelots ignorants à le choisir, soit chez eux, soit hors d'eux? Vous rougiriez de l'affirmer. Vous voyez donc que les doctrines du suffrage universel et de la souveraineté du peuple, tant pour l'établissement du droit que pour son application, sont deux immenses logomachies.

D'où vient l'origine de ces logomachies? Peut-être sont elles nécessaires, inévitables. Si cela était, il faudrait tâcher d'en souffrir le moins possible. Voyons si en réalité elles sont nécessaires; si en réalité elles sont d'abord inévitables; et, si à certaine époque elles peuvent être évitées, ce qu'il faudrait faire alors pour essayer de s'en débarrasser.

Au sein de la société, et sous peine d'automatisme, il faut être, Messieurs, tels ou tels pour oser affirmer qu'une règle relative à un raisonnement quelconque bon ou mauvais, mais socialement tenu pour bon, n'est point nécessaire à l'existence de l'ordre, à l'existence de l'harmonie, au sein d'individualités en contact et qui ne se remuent point automatiquement. Nous acceptons donc qu'une règle, fût-ce même la souveraineté du nombre, est nécessaire. Eh bien! cette règle, tant que l'ignorance sociale ne permet point à la raison de la formuler d'une manière rationnellement incontestable vis à vis de tous et de chacun, et, qui plus est, de démontrer également que cette règle possède une sanction autre que la force, une sanction éternelle, inévitable; cette règle doit être donnée par un homme assez fort pour la faire accepter socialement comme expression de raison réelle; et, alors cet homme assez fort prend lui-même le nom de souverain.

Mais :

« Le plus fort, dit Jean-Jacques, n'est jamais assez fort pour être toujours le maître, s'il ne transforme sa force en droit et l'obéissance en devoir.

Le souverain de fait, le souverain par la force se trouve donc obligé, sous peine d'anarchie, c'est-à-dire sous peine de mort d'ordre ou de mort de souveraineté, de transformer sa force en droit. Or, il n'y a qu'un moyen d'opérer cette transformation : c'est de faire accepter la règle, comme venant d'un être sur-terrestre, supposé *raison éternelle et sanction éternelle* de la règle. Puis, de se donner soi et les siens, comme interprètes infaillibles de cette même règle. Cela est facile, quand on est le plus fort, quand on est maître de l'éducation, maître de lui soumettre l'instruction.

Alors, le complément nécessaire de cette espèce de souveraineté, est une inquisition comme le veut M. le général de Chabaud-Latour. Le but exclusif de cette inquisition est d'empêcher socialement l'examen de la règle et de sa sanction ; puisqu'en dehors d'une sanction, et même d'une sanction autre que la force brutale, toute société *stable*, est absolument impossible.

Mais, par les développements des intelligences et des populations, il vient une époque où l'examen ne peut plus être sociament comprimé ; c'est-à-dire, où nulle inquisition n'est plus capable de servir de base à l'existence d'un ordre social plus qu'éphémère. Alors, qu'arrive-t-il ? que la souveraineté de la raison hypothétique devient sans force, et que la souveraineté de la raison réelle, à cause de l'ignorance sociale primitive et toujours existante, ne peut pas encore en avoir. En effet, cette dernière souveraineté ne peut exister socialement, ne peut même être socialement cherchée, trouvée et acceptée, que lorsqu'elle est devenue nécessaire, et elle devient seulement nécessaire, lorsque la souveraineté de la raison hypothétique n'a plus de force suffisante pour conserver la vie à la société, et qu'une longue anarchie fait socialement reconnaître cette insuffisance.

Voyons si la souveraineté de la raison réelle, la souveraineté de la science, devient socialement nécessaire par une longue anarchie, résultat de l'impuissance de la souveraineté de la raison hypothétique.

Lorsque la souveraineté de la raison hypothétique se trouve socialement anéantie par l'incompressibilité sociale de l'examen ; l'intelligence se trouve déjà très-développée. Ceux qui alors sont savants par dessus les autres, dans les sciences physiques, ne peuvent s'imaginer qu'eux-mêmes, socialement, sont des ignorants. Essayez donc de faire accepter à l'Académie des sciences morales et politiques qu'elle est de la plus crasse ignorance ! Ce serait vouloir faire accepter à un nègre que le bon Dieu doit être blanc. Aussi, leur premier soin, à ces messieurs, est-il de déclarer que la raison réelle est inaccessible à l'homme, dont cependant la raison est l'essence. Or, vous concevez que tous les ignorants, se sachant ignorants, doivent, vrais moutons de Panurge, penser comme les ignorants qui se croient et se sont déclarés savants.

Quel est donc alors le seul souverain possible, souverain nécessaire, puisque la souveraineté est nécessaire, à moins je le répète, de penser comme messieurs tels et tels partisans de l'automatisme, lesquels vous donneraient un soufflet, si vous vous avisiez de les traiter d'automates?

Le seul souverain alors possible, le souverain inévitable, c'est *trois contre deux sur cinq*.

Mais quel sera le *criterium d'unité* : de ces trois contre deux sur cinq, ou de ces quatre contre trois sur sept? Qui comptera parmi les cinq ou les sept, supposés égaux?

Lorsque l'unité dominatrice, le Pape, représentant la divinité personnelle, l'anthropomorphisme, se trouve renversée par l'examen, au moyen de la presse dont les rois sont les premiers à faire usage comme instrument révolutionnaire, le criterium des unités délibérantes et agissantes, des unités *seules* sociales, est une *couronne* se prétendant *autonome* ou *souveraine*. Le juge du droit entre ces souverains est nécessairement : *l'ultima ratio regum*, l'anarchie enfin, expression alors universelle de cette horrible bouffonnerie dite *équilibre européen;* équilibre dont les balances de pouvoir sont ensuite les expressions nationales, au sein des gouvernements prétendûment *améliorés*, au sein des gouvernements dits constitutionnels. Le reste des individus non couronnés ne compte point alors parmi les unités sociales.

Mais les grands feudataires veulent aussi jouer aux trois contre deux sur cinq. Ils traitent les rois, comme ceux-ci ont traité le Pape. Et chaque unité nationale se trouve révolutionnairement brisée, comme l'avait été l'unité catholique ou universelle. Puis, les petits feudataires imitent les grands; puis, les bourgeois imitent les nobles; puis, les prolétaires imitent les bourgeois; puis, n'y ayant plus d'imitateurs réels, tous passent aux trois contre deux; puis, quand les deux sont plus forts que les trois, ils rossent ceux-ci ; la science ayant déclaré qu'il n'y a de droit que la force, par conséquent qu'il n'y a

pas de raison pour que les deux plus forts se laissent rosser
par les *trois plus faibles*. C'est alors qu'il y a dans la société
autant de souverains que d'individus ; dans chaque individu,
autant de souverains que de passions, et l'anarchie va continuellement croissant, jusqu'à ce que le mal arrive au point de
forcer sociétés et individus à reconnaître qu'ils ne sont que des
ignorants vaniteux, c'est-à-dire, *socialement parlant :* un
peu moins que des imbéciles.

C'est dur, mais c'est vrai, incontestablement vrai. C'est
donc calme, raisonnable, et ne devant irriter que les fous.
Il est vrai que ceux-ci s'irritent et s'effrayent de tout, même
de leur ombre, et c'est pourquoi ils ont peur de la lumière.
Mais ce n'est pas pour eux que nous écrivons, et ils auront
la bonté de ne pas nous lire.

Quant à ceux qui se croiront dignes de regarder la vérité et
de la reconnaître, ils verront que les logomachies relatives
au suffrage universel et à la souveraineté du peuple sont
nécessaires, inévitables d'abord, et que le seul moyen de
sortir de l'excès de maux, de l'anarchie qu'elles causent
nécessairement, c'est de commencer par reconnaître *officiellement* l'ignorance sociale.

Nous venons de prouver :

Que la souveraineté du peuple, ou du nombre, ou des
majorités, ou de la force, est le résultat nécessaire, inévitable
de l'impuissance de la souveraineté de la raison hypothétique,
souveraineté dont la valeur d'ordre s'évanouit nécessairement
devant l'incompressibilité sociale de l'examen ;

Que l'anarchie causée par l'anéantissement de la souveraineté de la raison hypothétique rend *nécessaire* la souveraineté de la raison réelle, souveraineté de la raison for-
mulant la règle des actions tant sociales qu'individuelles,
d'une manière rationnellement incontestable, vis-à-vis de
tous et de chacun, et démontrant, *de même*, que cette règle
est basée sur une sanction éternelle, par conséquent inévitable.

Nous pourrions à cet égard montrer que nous sommes
l'écho de tout ce qu'il y a eu d'illustre depuis l'origine sociale ;

nous pourrions surtout, en analysant les travaux des publicistes contemporains, faire toucher au doigt et à l'œil qu'ils ont pensé comme nous sur l'essence anarchique de la souveraineté du peuple. Mais l'espace nous manque, nous allons simplement examiner l'homme qui éveille depuis quatre ans l'attention de la France et de l'Europe, M. Thiers, « l'illustre homme d'État » comme on dit aux *Débats* et à la *République Française*.

DEUXIEME PARTIE

Le législateur, celui qui donne la règle, c'est le souverain, c'est Dieu ou c'est le peuple; c'est la force masquée de sophismes; ou, c'est la force purement brutale, tant que la raison réelle, à cause de l'ignorance sociale ne peut être intronisée. En disant l'expérience est le législateur, M. Thiers, en théorie, répudie les souverainetés de droit divin et du peuple; mais il ne se doute point que par cette expression il confirme la souveraineté du peuple en *pratique*. En effet, l'expérience de personne ne peut être législatrice, et l'expérience de quelqu'un ou de quelques-uns, considérée comme législatrice, n'est autre, en *pratique*, que l'expérience des plus forts, l'expérience de la force brutale, la souveraineté du peuple enfin.

Que de peine on se donne pour se cacher la vérité à soi-même! Il eût été si facile de se dire : La souveraineté de droit divin, c'est le despotisme; la souveraineté du peuple, c'est l'anarchie patente ou latente. Mais, on vous eût demandé : Quelle est la souveraineté de l'ordre? Alors il aurait fallu répondre : *Je ne sais pas.* Et il est si dur d'avouer son ignorance!!

« La multitude, dit M. Thiers, qui se range toujours à la suite des agitateurs... »

Voilà encore la souveraineté du peuple répudiée en *théorie*, et M. Thiers n'a pas d'autre base pratique que cette même souveraineté.

Quel supplice! que d'être continuellement obligé d'exécrer

ce que l'on adore, et d'adorer ce que l'on exècre! C'est le supplice infligé à l'ignorance par l'éternelle justice.

« Ces hommes, dit encore M. Thiers, subissaient, *comme toutes les Assemblées*, la domination des esprits les plus violents. »

C'est encore la répudiation de la force brutale en *théorie*, et M. Thiers n'a que cette base pour la pratique.

— « Qu'est-ce qu'un droit? » se demande M. Thiers.

— Et il se répond avec autant de clarté que de précision :

— « C'est ce qui est dû aux hommes. Or, tout le bien qu'on peut leur faire leur est dû; toute mesure sage du gouvernement est donc un droit. »

— Et le juge de ce qui est dû, s'il vous plaît? Et le juge de la mesure sage? C'est le plus fort, n'est-il pas vrai? C'est répudier la souveraineté du peuple en théorie; c'est invoquer la souveraineté de la raison, et n'avoir de base que la force brutale. Quel supplice que l'ignorance!

— « Vouloir, dit encore M. Thiers, opérer la transaction avant le combat, c'est vouloir la paix avant la guerre. Cette vérité est triste, mais elle est incontestable; les hommes ne traitent que quand ils ont épuisé leurs forces. »

— C'est incontestable pour toute l'époque d'ignorance sur la réalité du droit. Alors les forts dominent les faibles jusqu'à ce que ceux-ci deviennent forts, et le combat recommence jusqu'à égorgement général de l'humanité. C'est pour éviter cet égorgement que la souveraineté de droit divin est inventée, et, lorsque celle-ci n'est plus possible, l'égorgement recommence et durerait jusqu'à extinction humanitaire, si la souveraineté rationnelle ne venait mettre fin à l'égorgement.

Chez M. Thiers, c'est toujours la répudiation, en théorie, de la souveraineté du peuple, l'aspiration vers la souveraineté de la raison et l'obligation pratique de se replacer sous le joug de la force brutale.

« Tantale, dans les eaux, a soif et ne peut boire. »

— « L'empire de la loi, dit encore M. Thiers, a sa mesure. »

— Sans aucun doute M. Thiers va nous donner cette mesure. Écoutons! cela devient grave.

«.... Et cette mesure, continue M. Thiers, c'est *l'intérêt* que les hommes ont à la respecter. »

— Et quand, en époque d'incompressibilité d'examen, cet intérêt n'est point rationnellement incontestable, ce qui existe, en époque d'ignorance sociale, ceux qui croient avoir intérêt à violer la loi, lui crachent à la figure. Ce que dit ici M. Thiers, est-ce encore une aspiration vers la souveraineté de la raison ?

Vous allez voir que M. Thiers fait en effet très-peu de cas de la légalité, quand l'intérêt des forts n'y est pas.

— « La majorité, c'est-à-dire la légalité ! Faible ressource, s'écrie-t-il, contre la force, et qui sert tout au plus à l'irriter davantage. »

— Voilà la souveraineté de la force de nouveau maudite en *théorie ;* mais en pratique ! Vive cette souveraineté. Vous croyez que je plaisante. Eh bien ! écoutez :

— « Je suis, dit M. Thiers, converti au suffrage universel. C'est une chose qui me paraît *vérifiée ;* elle est suffisamment bonne. *Le seul inconvénient* que je trouve au suffrage universel, c'est qu'il ne laisse plus rien à faire. »

— C'est vrai, le suffrage universel, considéré comme source du droit, ne laisse rien à faire.... à la raison.

Et voilà toutes les aspirations de M. Thiers vers la souveraineté de la raison mises à néant.

Voici cependant un passage de M. Thiers qui fait présumer qu'à son avis, la force du peuple, la force brutale, n'est pas tout à fait celle de la raison.

Dans son *Histoire de la Révolution* nous trouvons :

— « Citoyens, leur répond Hérault de Séchelles, *la force de la raison et la force du peuple sont la même chose.* (De bruyants applaudissements accueillent cette dogmatique absurdité.) »

— M. Thiers ne veut pas de la souveraineté de droit divin ; M. Thiers ne veut pas de la souveraineté du peuple ; quelle souveraineté veut donc M. Thiers ? Il y a toute apparence que la souveraineté de son choix est celle de ses passions. C'est là l'essence des souverainetés individuelles. O galimatias de l'époque d'ignorance !

Vous allez voir que M. Thiers aime beaucoup la passion, c'est-à-dire la force, en fait de salut social.

— « La passion, dit-il, n'est jamais ni sage ni éclairée ; mais c'est la passion seule qui peut sauver les peuples dans les grandes extrémités. »

— Ainsi, dans les grandes extrémités, les chefs de peuples doivent se moquer de la sagesse et de la lumière, pourvu qu'ils soient bien en colère, cela doit suffire pour sauver le peuple.

Plusieurs lecteurs vont se trouver peinés de voir M. Thiers aussi grand partisan de la force brutale. Voici qui pourra les consoler :

— « Ceux, dit M. Thiers, qui ont accusé la Révolution de ne pas s'adapter aux localités, de ne pas varier avec elles, n'ont pas compris *l'impossibilité des exceptions et la nécessité d'une règle uniforme et* ABSOLUE dans les grandes réformes sociales. »

— Voilà la nécessité de la souveraineté de la raison réelle, de la souveraineté de la raison absolue, énoncée de la manière la plus claire possible. Mais M. Thiers a-t-il bien réfléchi aux difficultés d'établir une règle absolue et universelle, au sein de fractions humanitaires en contact inévitable, et toutes autonomes ?

M. Thiers aime beaucoup à papillonner autour du flambeau de la Révolution, ce flambeau fût-il même une torche ; aussi, court-il souvent le risque de s'y brûler les ailes. En parlant des Girondins, il nous dit :

— « Leur opposition a été dangereuse, leur indignation impolitique ; *ils ont compromis la Révolution, la liberté et la France.* »

— Puis, quelques lignes plus bas, il ajoute :

— « Cependant, qui ne voudrait avoir rempli leur rôle ? qui ne voudrait avoir commis leurs fautes ? »

Toute la légèreté de M. Thiers est dans ces quelques lignes. Compromettre la révolution, la liberté et la France lui paraît un modèle à imiter.

Voici un passage qui n'est pas tout à fait en harmonie avec celui dans lequel M. Thiers nous vante la parfaite excellence du suffrage universel. Quand on a ainsi des passages approbatifs de toutes les opinions, on est toujours sûr d'en avoir un en faveur de l'opinion dominante.

— « Depuis ces temps, dit-il, où Tacite la vit applaudir au génie des empereurs, la vile populace n'a pas changé. Toujours brusque en ses mouvements, tantôt elle élève l'autel de la patrie, tantôt elle dresse des échafauds, et n'est belle et noble à voir que lorsque, entraînée dans les armées, elle se précipite sur les bataillons ennemis. »

— Même quand sa cause serait aussi criminelle que possible, n'est-il pas vrai ? Sans aucun doute, la force victorieuse change toujours le crime en vertu. Voir écraser la vertu impuissante est toujours un spectacle bien noble pour un partisan de la force !

— « Que le despotisme, continue M. Thiers, n'impute pas ses crimes à la liberté, car, sous les monarchies, elle fut toujours aussi coupable que sous la République. »

— Ainsi, selon M. Thiers, les monarchies sont des sources de despotisme, et les Républiques des sources de liberté. Je voudrais savoir si M. Thiers est encore du même avis (1) ?

— « Mais, continue M. Thiers, invoquons sans cesse les lumières et l'instruction pour ces barbares pullulant au fond des sociétés, et toujours prêts à les souiller de tous les crimes à l'appel de tous les *pouvoirs*, et pour le déshonneur de toutes les causes. »

— Il serait plus utile d'invoquer les lumières et l'instruction pour les *pouvoirs* qui excitent aux crimes, que pour les malheureux qui subissent l'influence de ces excitations. Puis, comment concilier l'invocation des lumières et de l'instruction avec le vœu de voir fermer les écoles primaires ?

Nous avons vu M. Thiers s'écrier que la légalité est une

______

(1) Il paraît que oui, puisque M. Thiers a inventé la république conservatrice. Maintenant, qu'est-ce c'est que la République conservatrice ? M. Weiss, conseiller d'Etat et collaborateur au *Paris-Journal* dit que c'est « une bêtise ». Et je suis de cet avis.

faible ressource contre la force ; M. Thiers va nous dire que la légalité est toujours une faible ressource.

— « La légalité, dit-il, est une illusion, après une révolution comme la nôtre. »

— C'est comme s'il disait : que la légalité ne peut être qu'une illusion sous la souveraineté du peuple. Car, sous la souveraineté du peuple, sous la souveraineté de la force brutale, la société reste en révolution jusqu'à ce que cette souveraineté soit anéantie par la souveraineté de la raison.

Mais, M. Thiers est idolâtre de la souveraineté du peuple, tout en l'exécrant néanmoins, parce qu'il ne peut croire que la souveraineté rationnelle soit possible. Alors M. Thiers veut donc que la légalité soit toujours une illusion ? c'est peu consolant.

Voici encore une conséquence de la souveraineté du peuple qui ne console pas davantage.

— « Ainsi, dit M. Thiers, fut dissous l'ancien Directoire. Toutes les factions qu'il avait essayé de réduire s'étaient réunies pour l'abattre, et avaient mis leur ressentiment en commun. Il n'était coupable que d'un seul tort, celui d'être plus faible qu'elles, tort immense, il est vrai, et qui JUSTIFIE la chute d'un gouvernement. »

— JUSTIFIE ! quelle immoralité ! Il est impossible de porter une condamnation plus infamante contre la souveraineté du peuple ! !

Le passage suivant est un des plus profonds que M. Thiers ait écrits. Ce passage a des taches ; nous les indiquerons.

— « Les années, dit-il, épuisent les partis, mais il en faut beaucoup pour les épuiser. Les passions ne s'éteignent qu'avec les cœurs dans lesquels elles s'allumèrent. »

— C'est vrai. Mais sous la souveraineté du peuple, sous la domination des passions, de nouvelles passions s'allument au sein de la jeunesse, comme les vieilles s'éteignent au sein de la vieillesse.

— « Il faut, continue M. Thiers, que toute une génération disparaisse. »

— Une génération, c'est au moins trente années. M. Thiers

s'imagine-t-il qu'en présence de l'incompressibilité de l'examen et de l'ignorance sociale, les passions relatives à l'ordre
social, auront disparu? Elles auront doublé.

— « Alors, continue M. Thiers, il ne reste que les intérêts
légitimes..... »

— Légitimes! A une époque où M. Thiers déclare que la
légalité n'est rien! O faiseurs de systèmes, de romans, d'uto-
pies! combien il vous est facile d'élever vos châteaux, quand
les passions vous aveuglent sur les impossibilités, et que la
raison ne vous sert qu'à vous illusionner!

— « .... Et le temps, continue M. Thiers, peut opérer entre
ces intérêts une conciliation naturelle et raisonnable. »

Une conciliation! de la raison! sous l'empire des passions!
sous la souveraineté du peuple! C'est vouloir des ananas sans
serre chaude, sous l'un des pôles. Mais M. Thiers sait grouper
les chiffres et les paroles; et les niais s'écrient : voilà le remède!

— « Mais, continue M. Thiers, avant ce temps, les partis
sont indomptables par la seule puissance de la RAISON. »

— M. Thiers oublie que la souveraineté du peuple est la négation de la raison rendue incontestable; la négation du droit
réel. Sous la souveraineté du peuple, il n'y a pas de raison
proprement dite, il n'y a que des opinions qui ne peuvent
être raison, droit, que sous la sanction de la force brutale.
La raison réelle peut seulement être puissance, lorsqu'elle
est socialement souveraine. Auparavant, la raison, dit Vol-
taire, est toujours mise à mort par son implacable ennemie,
l'opinion.

— « Le gouvernement, continue M. Thiers, qui veut leur
parler le langage de la justice et des lois, leur devient insup-
portable. »

— C'est naturel : M. Thiers dit lui-même qu'en époque de
révolution la justice et les lois ne sont rien. Et l'époque de
la souveraineté du peuple ne peut être qu'une continuelle
révolution.

— « Et, continue M. Thiers, plus il a été modéré, plus ils le
méprisent comme faible et impuissant. »

— C'est juste, puisque la seule force prouve alors le droit, la raison. L'époque de la souveraineté du peuple est une endémie de fièvre cérébrale. Essayez donc de guérir la fièvre cérébrale avec des homélies ou des harangues?

— « Veut-il, continue M. Thiers, quand il trouve des cœurs sourds à sa voix, employer la force, on le déclare tyrannique, on dit qu'à la faiblesse il joint la méchanceté. »

— C'est juste. Et alors, la force brutale en décide. Et ce manége social continue jusqu'à ce que la nécessité sociale fasse exterminer la souveraineté de la force brutale.

— « En attendant les effets du temps, continue M. Thiers, il n'y a qu'un grand despotisme pour dompter les partis irrités. »

— C'est vrai. Mais il y a despotisme de la force dominant la raison, et despotisme de la raison dominant la force. Or, il est évident que le despotisme de la raison dominant la force peut seulement exister, lorsque la raison scientifiquement démontrée est connue par le despote. (Voir à cet égard page 462 et 463 t. V, de l'ouvrage intitulé *Science Sociale* par Colins.) Si M. Thiers peut prouver que j'ai tort, il rendra un grand service à la société. S'il prouve que j'ai raison, il lui rendra un service plus grand encore.

Si M. Thiers donne des conseils au despotisme de la force brutale, pour vivre le plus longtemps possible, il en donne aussi à l'anarchie pour tuer le despotisme aussi promptement que possible.

— « Il faut toujours, dit M. Thiers, *quand on veut faire une révolution*, DÉGUISER L'ILLÉGAL *autant qu'on le peut*, SE SERVIR DES TERMES D'UNE CONSTITUTION POUR LA DÉTRUIRE, ET DES MEMBRES D'UN GOUVERNEMENT POUR LE RENVERSER.

— Vous conviendrez qu'avec des conseillers comme M. Thiers, il est bien difficile qu'un despotisme de force brutale ait une durée plus qu'éphémère !

Des conseils, on peut les prendre ou les laisser. Il n'en est pas de même des maximes, surtout quand elles sont fausses ou criminelles, et quand elles sont données par des hommes que leurs talents ont placés depuis au faîte, pour ainsi dire, de l'échelle sociale. Alors, et principalement en époque de négation de droit commun, les prétendus souverains peuvent prendre ces maximes pour leur droit individuel. Voici cette maxime :

— « Des républicains qui croyaient voir un nouveau César pouvaient s'armer du fer de Brutus, sans être des assassins. Il y a une grande faiblesse à les en justifier. »

(M. Thiers, *Histoire de la Révolution*, t. x, p. 478, 2ᵉ édit.)

— Cette maxime est très-souveraincté du peuple, très-souveraineté individuelle, et c'est pour cela qu'elle est horrible. On a reproché ces maximes aux jésuites; valent-elles mieux dans la bouche des philosophes?

— « Ce n'était pas la liberté, dit plus loin M. Thiers, qu'il venait continuer (Bonaparte, après le 18 brumaire); car elle ne pouvait exister encore; il venait, sous les formes monarchiques, continuer la révolution dans le monde... Voilà quelle tâche profonde il allait remplir, et pendant ce temps la NOUVELLE SOCIÉTÉ allait se consolider à l'abri de son épée, et la liberté devait venir un jour. Elle n'est pas venue, elle viendra. »

— J'en accepte l'augure, et je suis certain qu'elle viendra. Mais il ne suffit pas qu'elle vienne, il faut encore qu'elle soit unanimement et inconstablement reconnue comme telle; sinon madame la liberté pourra fort bien être une torche de guerre civile. Or, pour qu'elle soit ainsi reconnue, il faut que son signalement soit donné à l'avance, et qu'à l'avance, il soit unanimement accepté, sous peine, je le répète, de guerre civile.

Eh bien! le signalement que M. Thiers donne à madame la liberté, est d'être la souveraineté du peuple, la souverainceté de la force brutale. Quant à moi, je regarde cette liberté comme le plus avilissant des esclavages. A cet égard, les gens de mérite de tous les temps, de tous les lieux et de tous les partis, M. Thiers y compris très-souvent, pensent comme moi, ou plutôt je pense comme eux ; de là, guerre civile. Elle est jolie, la liberté de M. Thiers!!

Cette réfutation des doctrines de M. Thiers a paru, en 1857, dans l'ouvrage de Colins, intitulé *De la Souveraineté*. Elle est encore aujourd'hui pleine d'actualité et peut parfaitement s'appliquer au vainqueur de la Commune, à l'inventeur de la République conservatrice, au M. Thiers de 1874, enfin.

République conservatrice ! deux mots accouplés qui ont des significations opposées, et qui hurlent ensemble. Et puis, conservatrice de quoi ? de la liberté de conscience, de l'aliénation du sol et de la souveraineté populaire. Voilà vraiment une belle trinité.

Je crois, d'ailleurs, que la République conservatrice a fait son temps. Il est fortement question d'y substituer le *septennat impersonnel*. Autre belle invention à l'époque présente, si fertile en calembredaines politiques. Dans un prochain travail, nous nous proposons de projeter un peu de lumière sur ce chaos de mots et d'idées.

TROISIÈME PARTIE

CONCLUSION

I

Les hommes éminents de tous les partis, de toutes les couleurs, je dirai de toutes les religions, sont unanimes pour répudier la souveraineté du peuple en *théorie*, et pour se battre à mort afin de conserver cette souveraineté en *pratique*. En effet, pas un seul ne pense à rétablir la souveraineté de droit divin, consistant essentiellement dans l'infaillibilité d'un pape et dans sa domination absolue sur les pouvoirs temporels.

Cependant il n'y a eu de possible, jusqu'à présent, que souveraineté du droit divin et souveraineté du peuple.

Que devraient conclure de cette contradiction absolue les hommes éminents de tous les partis, de toutes les couleurs, de toutes les religions?

Que les souverainetés de droit divin et de droit populaire doivent être également répudiées; et, comme il est impossible que l'ordre, vie sociale, puisse exister en dehors de toute souveraineté, qu'il faut qu'une autre souveraineté puisse être établie.

Et quelle peut être cette autre souveraineté? Il faut le savoir dès l'abord; car s'il en est des milliers, mille humanités pourront s'égorger avant de parvenir à se soumettre à une seule et même souveraineté.

Et cette unité de souveraineté est cependant nécessaire, puisque la coexistence de deux souverainetés en contact nécessaire équivaut à la négation de toute souveraineté, à l'anarchie.

Voyons, dès lors, combien d'espèces de souverainetés sont possibles.

Il n'y a dans le monde que *force* et *raison*.

Ainsi, il n'y a de souverainetés possibles que :

1° La souveraineté de la force, *sous un masque de raison.* C'est la souveraineté de droit divin.

2° La souveraineté de la force brutale quand, à cause de l'incompressibilité de l'examen, la force ne peut plus *se masquer de raison.*

Cette souveraineté de la force brutale est la souveraineté du peuple.

Et celle-ci existe nécessairement, absolument, dès que la souveraineté de droit divin n'est plus possible et que la souveraineté de la raison n'est pas encore possible.

Et je le répète, la souveraineté de droit divin n'existe plus dès que le pape du droit divin cesse d'être infaillible et dominateur absolu des pouvoirs temporels.

3° Enfin, *la souveraineté de la raison.*

Une quatrième espèce de souveraineté est absolument impossible.

Et en quoi consiste la souveraineté de la raison? Voilà, dès l'abord, ce à quoi il faut répondre d'une manière rationnellement incontestable.

Pour être souverain, pour régner, pour donner la règle et la sanction de la règle, il faut EXISTER.

Quelles sont, pour les souverainetés, les seules conditions possibles *d'existence?*

Il y en a deux, exclusivement deux.

Ces souverainetés sont exclusivement :

Ou personnelles;

Ou éternelles.

La souveraineté de droit divin est essentiellement personnelle dans la révélation, et dans le pape, interprète infaillible de la révélation.

La souveraineté du peuple est essentiellement personnelle dans les individus qui se disent *souverains.*

Il n'y a, nous le répétons, que trois espèces de souverainetés possibles : deux sont personnelles et ne sont plus possibles; la troisième, la souveraineté de la raison, ne peut être personnelle. La souveraineté de la raison doit donc être *éternelle.*

Comment la souveraineté de la raison peut-elle être éternelle? Et comment la sanction de cette souveraineté peut-elle être inévitable, même par la force?

Avant de parler de la raison, comme souveraine, il faut savoir auparavant :

Si la raison existe en *réalité* et plus que *phénoménalement*.

Pour le savoir, il faut établir, dès l'abord, quelles sont les conditions pour que la raison existe en *réalité*, et plus que *phénoménalement*.

La raison réelle présuppose la liberté de l'être en apparence raisonnable.

Quelles sont les conditions de la liberté *réelle?*

L'indépendance absolue de l'être capable de raisonner dans des conditions données, abstraction faite de la soumission volontaire à la raison souveraine de l'être devenu capable de raisonner, soumission qui, encore, caractérise sa liberté.

Et quelles sont les conditions de cette indépendance absolue?

1° Que l'anthropomorphisme ne soit pas une réalité.

Si l'âme de l'être, en apparence raisonnable, est créée, en supposant qu'il y ait des âmes, l'âme n'est pas indépendante, n'est pas absolue ; elle est relative à son créateur ; elle est dépendante de son créateur ; cet être, en apparence raisonnable, n'est pas libre *en réalité ;* il n'est libre que *phénoménalement.*

2° Que le panthéisme ne soit pas une *réalité.*

Si l'âme de l'être, en apparence raisonnable, est une résultante de la matière, ce qui est la négation de toute âme immatérielle, rien dans cet être n'est indépendant, n'est absolu ; tout y est dépendant de l'ensemble matériel, tout y est relatif. Cet être, en apparence raisonnable, n'est pas libre en *réalité,* il n'est libre que *phénoménalement.* Dans cette hypothèse, Proudhon aurait eu raison de dire :

« Tous, tant que nous vivons, nous sommes, sans nous en apercevoir, et selon la mesure de nos facultés et les spécialités de notre industrie, *des ressorts pensants, des roues pensantes, des pignons pensants, des poids pensants, etc., d'une immense machine qui pense aussi et qui va toute seule.* »

Proudhon, dis-je, aurait eu raison de parler ainsi, s'il n'était absurde de supposer la raison chez un automate.

Remarquons maintenant que l'indépendance *absolue* ne peut exister *chez l'être en apparence raisonnable*, puisque la seule apparence de raison exige un organisme dérivant de la matière, *relative* par essence.

Dès lors, pour que l'indépendance *absolue* puisse exister chez l'être en apparence raisonnable, il faut que chez cet être il y ait un être *indépendant* de toute création, c'est-à-dire *éternel; indépendant* de toute matière, c'est-à-dire *immatériel*.

Cet être absolu, éternel, immatériel, qui doit exister chez l'être en apparence raisonnable, pour que la raison puisse y exister, appelons-le *âme*, sans pouvoir encore affirmer s'il existe *réellement*.

Mais, auparavant, que peut être *l'âme*, si elle existe *réellement ?*

Pour le savoir, demandons-nous quelle est la base nécessaire, absolument nécessaire de toute raison possible, soit *apparente*, soit *réelle*.

Cette base, absolument nécessaire, est la SENSIBILITÉ, soit APPARENTE, soit RÉELLE.

Ainsi, partout où il y aura sensibilité *réelle*, il y aura AME RÉELLE et par conséquent RAISON RÉELLE, s'il est possible de prouver que la sensibilité ne dérive point de l'organisme, ne dérive point de la matière ; mais qu'elle est IMMATÉRIELLE, ce qui implique ÉTERNELLE ; et partout où il n'y aura que sensibilité apparente, il n'y aura pas âme réelle ; il n'y aura, par conséquent, que raison apparente.

Et comment est-il possible de savoir si la sensibilité qui existe incontestablement chez chacun de nous, qui raisonnons au moins en *apparence*, et qui croyons raisonner en RÉALITÉ ; comment, dis-je, est-il possible de savoir si notre sensibilité dérive ou ne dérive pas de l'organisme, de la matière ? En un mot, si notre ame est MATÉRIELLE, ce qui rendrait notre raison exclusivement APPARENTE, PHÉNOMÉNALE ; ou, si elle est IMMATÉRIELLE, ce qui seul peut rendre notre raison, une raison

RÉELLE, une raison plus qu'APPARENTE, plus que PHÉNOMÉ-
NALE?

Résolvons cette question.

II

Si la sensibilité est universellement répandue sur toute la
série des phénomènes, la sensibilité dérive de l'organisme de
la matière. Dans ce cas, la raison est exclusivement APPA-
RENTE, PHÉNOMÉNALE.

Si la sensibilité est exclusive à l'homme, la sensibilité ne
dérive pas de l'organisme, de la matière. Dans ce cas, la
raison est plus QU'APPARENTE, plus que PHÉNOMÉNALE; les âmes
sont alors IMMATÉRIELLES, par conséquent ÉTERNELLES.

Dans ce cas, la base de la raison de chaque personnalité
réelle, étant elle-même RÉELLE, ÉTERNELLE; la raison, abstraction faite des personnalités serait ÉTERNELLE, IMPERSON-
NELLE; et, si par déduction de l'immatérialité des âmes, il
était possible de démontrer, et ce qui est ordonné par la
raison ÉTERNELLE, IMPERSONNELLE; et que cette règle de la
raison est inévitablement sanctionnée, malgré toute opposition possible de la force; *la souveraineté de la raison* ÉTER-
NELLE IMPERSONNELLE, serait ÉGALEMENT DÉMONTRÉE.

Dans son ouvrage, intitulé SCIENCE SOCIALE, Colins a
démontré que la sensibilité est exclusive à l'homme;

Que la sensibilité est immatérielle;

Et que, par déduction de cette immatérialité, il est possible
de démontrer, et ce qui est ordonné par la raison éternelle
impersonnelle, et que cette règle de la raison est inévitablement sanctionnée, malgré toute opposition possible de la
force.

III

La souveraineté de la raison est tellement nécessaire, pour
que l'ordre, vie sociale, puisse exister en dehors du despotisme, que déjà, il y a plus de deux mille années, Aristote s'était
demandé

— « Qui doit ordonner ? »

— Et, il s'était répondu :

— « La parfaite raison. »

C'est comme s'il avait dit : le parfait *je ne sais quoi*. Après cette première réponse, il aurait donc fallu se demander :

Qu'est-ce que la raison réelle, et non seulement illusoire ?

Puis, la raison réelle existe-t-elle, et comment est-il possible de le prouver ?

Puis, il eût fallu démontrer d'une manière rationnellement incontestable, ce qu'il venait de mettre en question ;

Alors, Aristote nous eût épargné vingt-deux siècles de despotisme, intersemés d'anarchies.

Mais, l'expiation n'était pas faite. Et qui sait si cela est près de son terme, et, si la démonstration, quoique rendue scientifiquement incontestable, ne restera pas encore longtemps inutile ?

Cela même ne serait pas étonnant, si l'anarchie n'était assez forte pour faire avouer aux plus impertinents qu'ils ne sont que des sots.

En effet, pour chercher la souveraineté de la raison, il faut d'abord avouer qu'elle est nécessaire, ensuite reconnaître qu'on est ignorant comme des carpes, sur ce en quoi elle peut consister. Or, demander un aveu d'ignorance aux impertinents vaniteux, c'est leur demander plus que la vie. A cet égard il est cependant curieux d'observer combien la souveraineté de la raison réelle est réclamée par eux tous, même à leur insu, et surtout par ceux pour qui la raison réelle serait impossible, si leur doctrine était vérité.

Par exemple, écoutons Proudhon :

— « Que nie le libre examen ? » dit-il.

— « L'autorité de l'Église. »

— « Que suppose-t-il ? »

« L'AUTORITÉ DE LA RAISON. »

« L'AUTORITÉ DE LA RAISON, telle est donc l'idée positive, ÉTERNELLE, SUBSTITUÉE PAR LA RÉFORME A L'AUTORITÉ DE LA FOI. »

— Et ailleurs vous trouvez le mot SOUVERAINETÉ en toutes

lettres au lieu du mot AUTORITÉ. Ce qui nous permet d'appliquer à l'expression SOUVERAINETÉ la signification que Proudhon attache à l'expression AUTORITÉ (1).

— « LA SOUVERAINETÉ DE LA RAISON, dit-il encore, AYANT ÉTÉ SUBSTITUÉE à celle de la révélation. »

— Voilà la souveraineté de la raison réclamée aussi clairement que possible.

Eh bien ! Proudhon est tellement persuadé que, sous le panthéisme, dont la bannière est la sienne, il n'y a pas de raison RÉELLE possible, qu'il s'est cru obligé de dire :

— « Tous... nous sommes des ressorts pensants, etc. »

— Proudhon est tellement persuadé, et avec raison, que, sous le panthéisme, en l'absence de l'immatérialité de l'âme, il n'y a de possible qu'une raison *apparente*, qu'une raison *phénoménale*, qu'une raison non *réelle* enfin, qu'il dit :

— « Le MOI n'est qu'une hypothèse, le MOI n'est pas un être, c'est un fait, un PHÉNOMÈNE, voilà tout. »

Il est évident que le MOI est exclusivement la base de chaque raison individuelle, et que, si le MOI est seulement PHÉNOMÉNAL, APPARENT, la raison qui s'y rapporte est aussi et exclusivement PHÉNOMÉNALE, APPARENTE.

— Mais, me direz-vous, Proudhon croit pouvoir raisonner RÉELLEMENT. Pourquoi alors Proudhon dit-il le contraire ?

— Parce que, si même la raison réelle peut exister chez un matérialiste, il est cependant, vis-à-vis de la raison, impossible à un matérialiste de ne pas déraisonner.

Passons aux anthropomorphistes.

IV

— « Dieu lui-même, dit Bolingbrocke, est limité (2) par la RÈGLE que sa sagesse prescrit à son pouvoir. »

— Alors, voilà le Dieu personnel anéanti comme SOUVERAIN ; et c'est la raison impersonnelle qui devient seule SOUVERAINE.

—————

(1) Souveraineté et autorité sont inséparables. (*Colins.*)
(2) Quel infini ! qui est limité.

Bolingbrocke s'est-il aperçu que, si le Dieu personnel existait, la raison RÉELLE ne pourrait nullement exister?

— « On l'a dit excellemment, dit M. Dupont White, la SOUVERAINETÉ APPARTIENT A LA RAISON. »

— Voilà le Dieu personnel, et le peuple, tout ce qu'il y a de plus personnel, *répudiés comme* SOUVERAINS.

M. Dupont White s'est-il aperçu que, si le Dieu personnel existait, la raison réelle ne pourrait nullement exister?

Vous pourrez m'objecter peut-être qu'il n'est pas très-sûr que Bolingbrocke et M. Dupont White soient réellement des anthropomorphistes.

Cela ne me regarde en aucune façon.

Mais voici un auteur que personne n'accusera de ne pas croire au Dieu personnel.

— « La raison, dit Bonald, est la premiere autorité, et l'autorité la dernière raison. »

Il est évident que, si la raison de *chacun* est PERSONNELLE par essence, la raison de *tous*, la raison *réelle* est IMPERSONNELLE par essence.

Or, prendre comme SOUVERAINE la raison IMPERSONNELLE, c'est répudier comme souverain, tout espèce de Dieu PER-SONNEL.

Et, pourquoi ces répudiations, s'il vous plait?

C'est que, si le Dieu personnel existe, lui seul est un MOI réel, et tous les autres moi ne sont que des faits, des apparences, des phénomènes, et VOILA TOUT comme aurait dit Proudhon.

Mais il est évident que le MOI est exclusivement la base de chaque raison individuelle, et que, si le MOI est seulement PHÉNOMÉNAL, APPARENT, la raison qui s'y rapporte est exclusivement PHÉNOMÉNALE, APPARENTE.

Vous m'objecterez également que Bolingbrocke, Dupont White et Bonald, croyaient pouvoir raisonner réellement. Pourquoi alors ces messieurs disent-ils implicitement le contraire?

Parce que, si même la raison réelle peut exister chez un anthropomorphiste, il est cependant, vis-à-vis de la raison, impossible à un anthropomorphiste de ne pas déraisonner.

Jusqu'à ce que la souveraineté de la raison soit devenue socialement nécessaire, et jusqu'à ce qu'elle soit socialement acceptée, il n'est pas étonnant de voir les hommes éminents de tous les partis, de toutes les couleurs, de toutes les religions, répudier la *souveraineté du peuple*, en THÉORIE, et la maintenir en *pratique*.

— « L'ordre social en toutes choses, dit le célèbre Rossi, n'est que la RAISON.

— C'est toujours répudier la souveraineté du peuple, en *théorie;* et personne, plus que Rossi, n'était partisan de la souveraineté du peuple, en *pratique*.

Nous pourrions ainsi multiplier nos citations, toutes ne feraient qu'appuyer ce que nous venons de dire.

V

Maintenant quelle est la situation des partis en présence, dans le cercle vicieux de la souveraineté du droit divin, et de la souveraineté populaire?

Demandez à une fraction du parti conservateur de l'ancienne société, si l'anthropomorphisme, dont l'expression sociale est une révélation souveraine, est encore, en présence de l'incompressibilité sociale de l'examen, capable de servir de base à l'existence d'un ordre plus qu'éphémère. Plutôt que d'avouer cette incapacité, les membres de cette fraction se réfugieront dans la force de compression. Et si l'un d'eux vient répéter ce que Michel Chevalier disait en 1848 :

« Il suffit, en France, de regarder autour de soi pour reconnaître que, si la bourgeoisie oisive représente en totalité l'élément d'ordre, ce n'est qu'à l'aide et par l'intermédiaire de quatre cent mille baïonnettes, non compris les baïonnettes bourgeoises!... Ce qui démontre clairement que cette bourgeoisie ne conserve plus la prédominance qu'en opposant aux masses la force des masses mêmes (1); position critique à faire frémir,

---

(1) Aujourd'hui on gouverne en maintenant la moitié de la France en état de siége, c'est-à-dire, en conservant un des moyens dont on s'est servi pour combattre l'invasion allemande. O tristesse de l'époque d'ignorance et d'anarchie !

et qu'il est impossible de faire durer, car toutes les baïonnettes commencent à être intelligentes. »

— Au lieu de l'écouter, ils se boucheront les oreilles ; ils continueront à s'écrier, *la compression ou la mort !*

Demandez à une seconde fraction du parti conservateur de l'ancienne société, si la religion est la seule base qu'il soit possible de donner à un ordre social plus qu'éphémère ? Les membres de cette fraction ne le nieront point, et vous diront : nous sommes *déistes*. Si vous leur objectez que le déisme n'est que le manteau percé du panthéisme, qu'il conduit à l'indifférence religieuse, et qu'en présence d'une prétendue science matérialiste, par essence, vouloir baser l'ordre social sur le déisme, c'est prétendre l'établir sur le néant, ils ne vous écouteront point et se réfugieront également dans la force de compression. Vienne alors un nouveau Michel Chevalier, leur exposant l'inutilité de ce moyen, ils se boucheront également les oreilles, et s'écrieront aussi, *la compression ou la mort!*

Demandez à une troisième fraction du parti conservateur de l'ancienne société si le culte du veau d'or est capable de servir de base à l'existence d'un ordre social plus qu'éphémère ? Ils n'hésiteront pas à l'affirmer. C'est en vain que vous leur représenterez que ce culte est la négation du droit, que cette idolâtrie a détruit Tyr, Sidon, Athènes, Lacédémone, même Carthage, Rome, etc. Les membres de cette troisième fraction ne vous écouteront point, et se réfugieront toujours dans la force de compression. A toutes les objections les plus incontestables, ils se boucheront les oreilles, ils répéteront : *la compression ou la mort !*

Si des conservateurs de l'ancienne société, nous passons à leurs adversaires, qu'y trouverons-nous? Les mêmes partis, absolument les mêmes. Seulement, si les premiers, pour se sauver de leur conscience qui leur dit qu'ils sont dans l'erreur, sont obligés de se boucher les oreilles de l'intelligence et de se réfugier dans la force de compression, les seconds se réfugieront dans la force d'expansion ou d'insurrection. Mais que l'un d'eux arrive au pouvoir, à l'instant le vainqueur passe à la force de compression, et le vaincu à la force d'insurrection.

Un pareil état social conduit directement à l'anarchie.

A l'anarchie ! on a tant abusé de ce mot, qu'il n'effraye plus. Au contraire, chaque parti, soit au pouvoir, soit hors du pouvoir, espère, sans oser se l'avouer, qu'il en sortira le triomphe de son idole. Les malheureux ! ils ne se doutent pas qu'une anarchie de plus en plus continuelle, de moins en moins séparée par des intervalles de despotisme, c'est la destruction de tout droit, de toute famille, de toute propriété ; c'est un retour, non à la sauvagerie, où il y a de l'ordre, mais à la non-existence de l'humanité sur le globe.

Et cet état social, ce n'est pas à la seule France qu'il est inhérent, ce n'est pas à la seule Europe, c'est au monde entier.

Mais, la cause ! la cause ! va s'écrier M. Laurentie de l'*Union*, le vétéran de la presse française ; le plus honnête de tous les journalistes conservateurs.

La cause, Monsieur, elle est claire, évidente, incontestable ; et, pour cela même, méconnue. C'est la vanité ayant besoin de vérité, et se refusant par essence à reconnaître son ignorance. Mais ici, il y a une distinction essentielle à faire entre les vanités individuelles et la vanité sociale. Chaque individu, à part soi, reconnaîtrait son ignorance que les partis persisteraient à se réfugier soit dans la force de compression, soit dans la force d'insurrection. Pour que la vanité sociale soit vaincue, il faut que la déclaration d'ignorance soit proclamée *officiellement*. Essayez donc, par la force de raisonnement, d'obtenir une semblable déclaration de l'Assemblée nationale. Elle vous accordera plutôt sa mort. Ce qu'elle refuse au raisonnement, elle l'accordera à l'anarchie.

Un disciple de Colins.

FIN.

PARIS. — IMP. VICTOR GOUPY, 5, RUE GARANCIÈRE.

www.ingramcontent.com/pod-product-compliance
Lightning Source LLC
Chambersburg PA
CBHW051751050726
47598CB00003B/1434